삶의 지혜와
믿음과 소망과 사랑이 있는

금언집

울릉도 샘물

글 최원만

어제의 교훈으로 오늘의 발판을 삼고
오늘의 희생으로 내일의 영광을 만들며
내일의 가치를 위하여
오늘을 사랑한다.

도서출판 세줄

〈추천사〉

샘물에서 길어 올린 생명수

사람은 태어날 곳을 스스로 정할 수가 없습니다.

사람은 죽어서 가야할 곳을 스스로 정할 수가 없습니다.

사람은 얼마나 살지를 스스로 정할 수가 없습니다.

이러한 사실 앞에서 우리는 내게 주어진 삶을 어떻게 살아가야 좋을 지를 겸허한 마음으로 생각하게 됩니다. 이렇게 유한한 인생임을 깨달을 때 우리는 참되고, 착하고 아름답게 살아야 하겠다는 다짐을 하게 될 것입니다.

그래서 우리에게 삶의 본보기가 될 수 있는 귀중한 내용을 가진 말씀이 필요합니다. 곧 금언이나 격언 또는 잠언이 그것입니다.

일찍이 미국의 과학자로서 외교관이며 정치가이기도 했던 벤자민 프랭클린(Benjamin Franklin, 1706~1790)은 리처드 손더스란 필명으로 금언집 〈가난한 리처드의 연감〉을 펴낸 바가 있습니다. 그 책은 처세술의 교본으로 널리 읽혔습니다. 이를테면 "백권의 책에 쓰인 말보다 한 가지 성실한 마음이 더 크게 사람을 움직인다."는 금언도 프랭클린이 한 말씀이었습니다.

또 마르티니 추기경이 쓴 영적 금언집 〈마음을 열어라〉(김애련 옮김, 성 바오로출판사, 2001.)는 흔히 서점에서 사볼 수 있는 책이기도 합니다.

〈구약성경〉의 잠언 1장 1절부터 6절까지에는 이렇게 쓰여 있습니다.

"① 다윗의 아들 이스라엘 왕 솔로몬의 잠언이라 ② 이는 지혜와 훈계를 알게 하며 명철의 말씀을 깨닫게 하며 ③ 지혜롭게, 의롭게, 공평하게, 정직하게 행할 일에 대하여 훈계를 받게 하며 ④ 어리석은 이로 슬기롭게 하며 젊은이에게 지식과 근신함을 주기 위한 것이니 ⑤ 지혜 있는 이는 듣고 학식이 더할 것이요, 명철한 이는 모략을 얻을 것이라 ⑥ 잠언과 비유와 지혜 있는 이의 말과 그 오묘한 말을 깨달으리라."

이는 잠언 곧 금언의 정의와 성격과 효용성을 일컫는 말씀이라고 해도 좋겠습니다.

그런데 이제 우리는 최원만 목사님의 〈샘물 금언집〉을 읽을 수 있게 되었습니다. 최 목사님은 가장 신실하고 겸손하며 순수한 영혼을 지닌 분입니다. 밤낮 한결같은 영성으로 묵상하는 삶을 통해 하나님의 계시를 대변하고 있는 말씀들을 한 자리에서 만나게 되었으니 어찌 기쁘지 않겠습니까?

우리가 걸어가야 할 앞길을 환히 밝혀주는 등대와도 같은 이 책이 수많은 이웃들에게 널리 읽혀지기를 빌 뿐입니다.

이 상 보

국민대 명예교수 · 장로교 원로장로 · 수필가

우리 삶의 길을 일깨우는 금싸라기 말씀들

울릉도 외딴 섬에서 열심히 기도하며 주께 충성 봉사하시는 샘물 최원만 목사님이 그간에 깊이 생각하면서 모아 놓은 샘물 금언을 책으로 엮는다고 한다. 부활하신 예수님을 찬양하는 부활절을 앞두고 참 기쁜 소식이 아닐 수 없다.

자신의 생생한 목회현장에서 고난과 역경을 극복해 가며 갈고 닦은 삶의 슬기와 삶의 길과 삶의 방향을 일깨워 주는 금싸라기 같은 말씀들은 샘물 그릇에 고이 담아 세상에 빛과 소금으로 내놓는 것이다. 생명의 빛이신 예수님의 발자취를 따르며 오늘도 십자가를 등에 지고 십자가의 길로 달려가는 최원만 목사님의 샘물 금언은 우리 가슴에 은혜와 사랑과 감동으로 넘치게 한다.

최원만 목사님은 '마음을 다스리는 삶의 슬기에서' 샘물 금언을 이렇게 말씀하고 있다.

인생은 허무를 깨달음에 자신을 알게 되고
인생을 알게 되면서부터 가치를 찾게 된다.
그 가치는 십자가에서 은혜의 선물로 받는다.
이 금언의 말에서 인생이 살아 갈길은 십자가의 길임을 잘 일깨워 준다. 십자가의 길을 걸어가는 인생길에서 생명의 빛인 예수님을 더욱 사랑하며 오직 십자가를 바라보고 날마다 더 가까이 예수님께로 다가가는 믿음에 인생의 참 행복이 있음도 잘 일깨워 주고 있지 않는가.

이기적이고 자기밖에 모르는 인간들에게 샘물 금언은 이렇게 경고하고 있다.

욕망은 탐욕의 산물이고

교만은 위선의 산물이며

질투는 이기의 산물이요

사랑은 진리의 산물이다

욕망의 노예가 되어 삶의 길을 모르고 방황하는 인간들에게 샘물 금언은 교만하지 말고 창조주 하나님을 사랑하며 이웃을 자기 몸처럼 사랑해야 한다는 삶의 길을 환히 밝혀 준다.

사람은 유혹에 빠지는 아담의 성품과 시험을 이기는 예수님의 성품을 함께 지니고 산다고 했다. 오늘날 눈부신 과학시대에 지식이 화산처럼 폭발하며 이지구촌이 너무도 어지럽고 사람을 타락시키는 온갖 유혹이 독사의 혀를 날름거리고 있다. 마귀는 믿는 자를 삼키려고 우는 사자처럼 우리 주위를 맴돌고 있다.

사람들은 죄악이 가득찬 이 누리에 자기만을 생각하며 자기 유익에만 깊이 빠져 이웃사랑이 점점 시들어 가고 있다.

이처럼 거칠은 황무지 벌판에 샘물처럼 맑고 시원하고 은혜가 넘치는 샘물금언이 우리 메마른 가슴을 적셔 주는 일은 큰 기쁨이요 감사가 아닐 수 없다. 샘물 금언은 / 하나님을 아는 것이 참 지혜로 / 하나님을 경외하는 것이 명철이며 / 하나님을 순종하는 것이 현명이니라 / 로 말씀하여 우리 삶의 길과 지혜를 분명히 일깨워 가르켜 준다.

비바람이 몰아쳐도 농부가 가을 알곡을 바라보며 비록 쭉정이 농사라도 농부는 수확을 하게 되고 인생은 아무리 아픔이 있어도 희망으로 살아가야 한다는 샘물 금언의 일깨움이 참으로 훈훈하게 느껴진다. 자연으로 교훈을 삼고 진리로 스승을 삼아 사랑을 선생으로 하여 배부른 삶보다 존귀한 삶, 섬기는 삶, 베푸는 삶으로 잘 살아가야 한다는 샘물 금언은 가슴에 은혜의 말씀으로 알알이 새겨진다.

예수님께서 도마의 질문에 '내가 곧 길이요 진리요 생명이니 나로 말미암지 않고는 아버지께로 올자가 없느니라' 고 요한복음 14장 말씀에서 대답하시어 예수님은 우리 인생의 살길과 가치와 목표와 방향을 다 일깨워 주셨다. 이 예수님 말씀을 토대로 오랜 목회 체험에서 샘물처럼 절절이 솟아오른 샘물 금언을 정성과 땀으로 정리하여 한 권의 책으로 엮는 샘물 최원만 목사님 샘물 금언집 출간을 축하해 마지 않는다. 주님께 영광 돌리며 출간되는 이 샘물 금언집이 많은 독자들의 심금을 울려 주리라 믿는다. 외딴 섬 울릉도에서 고난을 무릅쓰고 묵묵히 주님 사역의 일에 피땀을 쏟으시는 샘물 최원만 목사님 교회와 가정에 하나님 축복과 사랑이 넘치길 빌며 마지 않는다. 시인으로서도 큰빛을 보여 주길 빌며 거듭 정진을 빈다.

2006. 2. 28

송골서재에서…

오 동 춘

화성교회 장로, 짚신문학회 회장

서시

샘물 최원만의 아호(雅號)

배운 것도 없고
아는 것도 없는
그렇다고 가진 것도 없는
청초한 자연인
초토에 외로운
한 떨기 꽃이런가
탐욕도, 명예도
그래, 자랑도 모르는
순수한 자연 그대로

오늘도 티 없는 하늘
옥빛 하늘만 바라본다
청순한 샘이 흐르는
봉래산 반석을 흠모하며
한 그릇 샘물 되고 싶어
마음드려 기도하는
갸륵한 언어만을 골라
거룩한 노래를 만들어
영원한 영광의 열매를 올리고 싶다.

차 례

제3편 삶의 필수적 기능 지혜

제4편 꿈을 실현키 위한 서광이 비치는 믿음

제5편 믿음의 3요소 믿음, 소망, 사랑

제6편 믿음의 주체 사랑

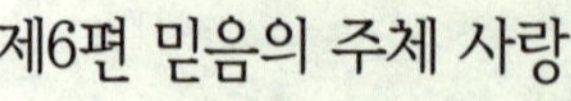

오늘을 생각하는 사람이 내일을 만들 수 있고
The man who thinks about today can plan tomorrow

내일을 건설하는 사람이 미래에 행복하며
The man who builds for tomorrow shall be
happy in the future

언제나 누구에게나 새로운 시간은 앞에 있다.
시작을 안 할 뿐이다.
Always everybody has time ahead,
but only did not start.

제 1 편

마음을 다스리는

삶의 슬기

희망은 폭풍우 속에서도 살아 있고
절망은 잔잔한 호수에서도 죽어 있어
희망과 절망의 차이는 삶과 죽음이다.

인생은 자유 의지로 방종 타락되고
진리를 믿음으로 자유 함을 얻으며
진리를 따르는 것이 자유의 근원이다.

인생은 허무를 깨달음에 자신을 알게 되고
인생을 알게 되면서부터 가치를 찾게 되며
그 가치는 십자가에서 은혜의 선물로 받는다.

인간이란 그 본질에 있어서는 존귀하나
행동에 있어서는 간사와 무질서하며
그러므로 존귀와 비천의 신분이 앞다툰다.

인생의 현명과 무지의 차이는
겸손과 교만의 차이와 같으며
사랑과 미움의 차이와 같으니라.

인간의 우월감이란 홍시와 같다.
한순간 쳐다보는 사람이 많지만
불원간 추풍에 떨어지는 낙과니라.

세월은 언제나 새로운 날로 우리 앞에 서 있다.
우리는 수많은 날들을 잡지 못하고 그냥 보냈다.
오늘 가면 내일 또 세월은 우리 앞에 다가올 것인데.

인간이란 자기 아버지 위의 할아버지를 조금 안다.
그리고 그 위 할아버지의 아버지는 족보로 안다.
그 이상은 옛날 이야기로 잊어버리고 살아간다.
인생의 결국은 옛날 이야기의 한 장 추억인 것인가.

자식을 낳은 어버이는 이미 스승이 되어야 하고
자식이 성년이 되어서는 길잡이가 되어야 하며
자식은 옳은 부모를 따르고 서야 복을 받느니라.

한 알의 밀알

한 알의 밀이
땅에 떨어지는 아픔
그것은 우리의 기쁨이었다

한 알의 밀알의 죽어짐은
우리 생명의 희망이다

한 알의 밀알의 썩어짐은
우리 부활의 축복이다

한 알의 슬픔은
우리의 평화

한 알의 고난은
우리의 평안

아픔만큼 성스러운
생명의 열매로 가득하다.

태양이여…!

어둠이 빚어낸
기적의 선물이여
신음 속에 태어난 희망이여

너를 바라보는
마음만으로
비상의 살맛이 난다.

희망에는 밤이 없다.
그 무엇도 이상을 막지 못해
나의 태양을 사로잡아

너를 품에 안고
오대양 육대주 광활한 대지를 향해
달리고 또 달리련다.

태양이여…!
바람 부는 벌판을
너와 함께 꽃피우리라.

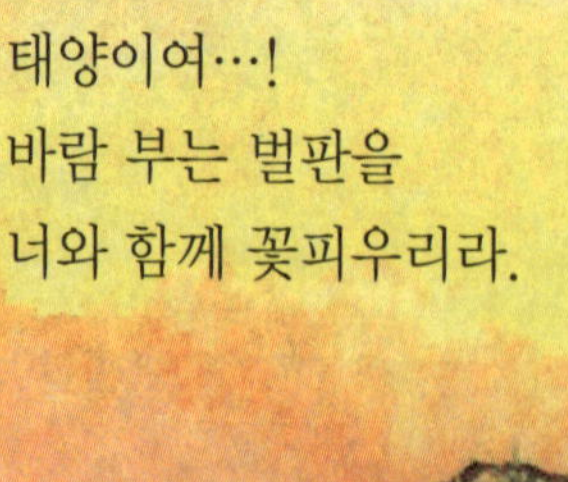

태양이여 (시작노트)

　전능하신 창조주 하나님께서 인간에게 주신 큰 선물 중의 가장 아름답고 삶의 필요한 태양을 항상 감사하게 생각하며 살아오던 중, 어느날 새삼스럽게 그 빛이 얼마나 아름답고 감사한지 표현할 수 없는 여러 가지의 고마움이 마음에 벅차오르던 날이었다. 태양이야 말로 너무너무 아름답고 인간의 삶 속에 아니 만물의 삶 속에서 가장 큰 일을 해내는 창조물 중의 하나이다.

　빛을 통한 만물의 아름다움, 자연의 조화, 쉼없는 생명의 번창을 이루어 내며 언제부터인가 창조된 날부터 지금까지, 또한 앞으로도 만물의 존재의 끝까지 따사로움을 줄 태양은 너무너무 고맙고 감사한 창조물이다.

　태양이 지구를 비추는 까닭에 인간의 역사가 지속되어 간다는 사실 앞에 태양과 같은 빛나는 삶을 살아가고 싶다. 창조주 하나님 아버지의 사랑의 품을 대신하는 태양, 언제나 변함없는 사랑의 아침 새 희망의 삶을 일구어주는 태양, 너와 함께 험난한 인생 길을 꽃피우고 싶다.

　"태양이여…!"를

　사랑하는 이의 이름으로, 희망으로, 등등 바꾸어 낭송을 해도 좋을 듯 싶다.

팔을 벌려야 행복하다

비가 오나 눈이 오나 바람이 부나
팔 벌리고 서 있는 나무들
보란 듯 팔 벌린 십자가를 지고
사랑의 공유를 말한다

만물은 팔 벌려 행복을 노래하며
행복은 자연과 함께 성숙해 가는데
아옹다옹 좁은 편견에 못 이겨
유독 사람만이 손이 안으로 굽는다

사과나무가 팔을 쭉 쭉 펴서
가지마다 사과를 만드는 목적이 무엇일까?
손가락 끝마다 행복을 피워
벚꽃이 사랑을 노래하는 이유는 무엇일까?

내일의 이상이 있다며
장미는 가시를 딛고 꽃으로 행복을 말한다
꿀벌이 꿀을 물어오는
보편적 가치는 무엇일까

저, 산 위에
우뚝 서 있는 바위도
똬리를 틀고 팔 벌려 앉아
광활한 청산의 초병으로 서있다

있는 손 다 벌려 모두를 주며 사는 자연은
행복의 최고 절정은
팔을 벌리는데 있다며
언제나 행복한 미소로 아름다움이 가득하다.

팔을 벌려야 행복하다 (시작노트)

인간은 누구나 행복한 존재이며 따라서 행복한 삶을 살아야 한다. 행복이란 바람을 타고 날아오는 것도 아니며 구름에 실려 찾아오는 것도 아니다. 그렇다고 금을 주고 사 올 수 있는 것도 아니며 많은 지식을 배워 만들어 내는 것도 아니다. 행복은 지정의(知性.感情.意志)를 통한 인격의 행동으로 누구나가 만들어 내는 것이라고 생각한다.

우리 속담에 팔이 안으로 굽지 밖으로 굽느냐 하는 말을 많이도 사용해왔다. 그러나 분명한 것은 진정 인류가 찾는 행복은 팔이 안으로 굽어서는 불행의 도가니에 스스로 갇히는 것에 불과하다.

누구나 팔을 펼 때에 진정한 행복은 만들어지게 되는 것이다. 이웃에게 팔을 펴 냉수 한 그릇을 주는 것이 혼자 마시는 것보다 행복한 것처럼 삶의 행복은 팔을 펴는 것이라고 할 수 있다. 특별히 그 행복에 대하여 행복의 근원이 되시는 주 예수님을 보면 사실을 알 수 있다. 예수님은 우리 인간들을 위하여 그의 팔을 온 세상을 향하여 펴셨다.

본인이 울릉도에 와서 먼저 깨달은 것은 속좁음이었다. 끝 간데 없는 맑고 푸른 옥색 바다를 보면서 나 스스로의 속 좁은 생활방식이 얼마나 옹색했는지 부끄럽기 짝이 없었다.

　부모 자식 관계, 형제와의 관계, 이웃과의 관계를 생각할 때 가장 큰 문제는 팔이 언제나 오그라드는 이기적 판단의 속 좁음이 인간 생활의 불행과 어려움을 만들며 살았던 것임을 자책할 수 밖에 없는 옹졸함이었다. 십자가를 주장하며 이웃을 위해 살겠다고 주의 종으로 자원함이 너무나 부끄러운 생활이었다.

　예수님이 이 세상에 오셔서 하늘의 영광과 존귀와 권위를 버리시고 거룩한 팔을 벌려 온 인류를 사랑하심은 너무나 큰 인류의 행복을 주신 새 창조의 축복임이다. 우리 또한 새로운 믿음의 자녀들로서 예수님이 분부하신 "이웃을 사랑함"이 행복의 시작이라는 사실을 깨닫고 이웃 사랑의 팔을 마음껏 펼치는 진실한 신앙의 성도들이 되어야 한다.

시들지 않는 꿈

동산은 그때 그 동산
푸르름도 그때 그 푸르름
인생 홀로 세류에 흘렀다.

시간은 잡을 수 없는 별
배울 수도 없는 길
바람처럼 언제나 새롭다.

어둠 후에
새날이 있고 새 땅이 있어
잠자지 않는 시간이기에 강물은 푸르다.

강산은 언제나 웃고 있을 뿐
아침은 항상 내 앞에 있어
태양은 날마다 청춘을 노래하며

강한 자는 공간이 없나니
영혼의 24시는 영원한 것
천년의 꿈은 시들지 않는다.

꿈속의 비전은 영원하여
역사는 황금 집을 만들고
그 꿈 금빛은 시들지 않는다.

바람 뒤에 행복있다

오늘도 나무가 흔들린다
그러나 그것은 살아 있는 까닭이며
시련은 인생의 디딤돌이 되나니
눈물은 또 다른 행복의 씨앗이며
비가 오는 이유는 결코 슬픔이 아니라
희망의 봇물인 것을

오늘 부는 바람
내일의 맑은 하늘을 열고
태양은 행복의 미소를 짓게 한다

막다른 골목이라도
별 반짝이는 쪽빛 하늘 열려 있고
인생의 끝이라도
편안히 안길 품이 있다

무한한 세월은 순간 순간마다
희망의 보고이니
오늘도 살아 있어
그 바람...
내 앞에 장미빛 행복을 몰고 온다.

사람이 산다는 것은 기쁨을 얻기 위함이니
기쁨을 얻기 위하여 의롭게 살아야 하며
의를 버리는 자는 기쁨을 잃게 되느니라.

인간성이 성숙되지 아니한 야합정치는 바벨탑 건설이요
서민을 외면하고 약자를 천대하는 사회는 멸망의 지옥이니
돈보다 기술보다 정의가 앞서야 더 튼튼한 사회를 만든다.

부드러운 물살이 거들먹거리는 돌을 연마하고
손에 잡을 수 없는 것에 잘난 것들이 흔들리며
가장 온순한 것이 불손한 것을 부드럽게 한다.

어떻게 살까 삶을 생각만 말고
죽음의 깊은 의미를 알아야하며
죽음의 깊은 의미를 안 인생은
영원한 삶의 생명을 얻었도다.

사람이 지나간 발자국엔 자취와 행적의 물이 고이며
땀흘려 비틀어 짠 주름살 속엔 고난의 눈물로 짜니
성숙한 인간이 짜놓은 인고의 진국엔 단물만 남기자.

승리자란 자기를 극복한 사람이며
성공자란 이웃을 위하여 산 사람이요
실패자란 우리를 포기한 사람이다.

소나무라고 해서 실패한 것이 아니요.
밤나무라고 하여 성공한 것이 아니며
장미꽃이라 해서 행복한 것이 아니며
국화꽃이라 하여 외로운 것이 아니니
모두 독특한 삶의 본분이 다를 뿐이다.

사람은 두 가지 성품을 가지고 산다.
유혹에 빠지는 아담의 성품이요.
시험을 이기는 예수님의 성품이다.

인간의 행복이란 법 앞에 진실한 삶이요
더 행복한 삶은 서로를 사랑하는 삶이며
최고의 행복한 삶은 법 없이 사는 삶이다.

어제의 교훈으로 오늘의 발판을 삼고
오늘의 희생으로 내일의 영광을 만들며
내일의 가치를 위하여 오늘을 사랑하라.

인간은 하나님의 제일가는 사랑의 대상이고
하나님은 작은 자 하나를 모델로 삼으시며,
세상이 버린 자라도 하나님은 존귀하게 쓰신다.

비바람이 몰아쳐도 농부는 알곡을 바라보며
쭉정이가 있어도 농부는 수확을 거두고
인생이란 아픔이 있어도 희망으로 살아간다.

나 혼자 잘살자는 이기주의는 지옥을 건설하고
우리 함께 잘살자는 사랑주의는 천국을 건설하며
이기는 사망을 만들고 희생은 생명을 낳는다.

성실한 생활력은 마음의 소원을 이루고
알뜰한 삶의 방법은 넉넉한 여유를 가지니
생명력 있는 믿음은 못할 것이 없느니라.

마음 속에 있는 생각은 행동보다 크며
사상 속에 있는 관습은 현실보다 강하고
관념 속에 있는 생활은 현실을 압도한다.

하나님의 명령은 생명의 근원이요
믿음은 절대적 보장된 약속이며
하나님의 명령은 삶의 참 도구이다.

이상을 버린 인간은 세상 생활에 만족할 수 없고
의리를 버린 인간은 진정한 친구를 만날 수 없으며
사랑을 버린 인간은 진정한 행복을 찾을 수 없다.

배부른 삶보다 존귀한 삶이 되어야 하고
군림하는 삶보다 섬기는 삶이 되어야 하며
대접받는 삶보다 베푸는 삶이 되어야 한다.

믿음은 눈물과 탄식 속에서 기쁨을
고난과 역경의 눈물 속에서 영광을
부활은 사망과 절망 속에서 생명을 잉태한다.

물러서기 힘든 것은 고집이요,
파도보다 힘센 것은 교만이니
모름지기 자기 마음을 다스려라.

올바른 행동은 태아기에 형성되고
뛰어난 총명은 유아기에 형성되며
반듯한 교양은 유년기에 형성된다.

비범한 지혜는 청년기에 형성되고
존귀한 인격은 장년기에 빛이나며
우러를 덕망은 노년기에 영화롭다.

교양은 좋은 배움에서 익숙해지고
인격은 올바른 마음에서 성숙해지며
지성은 맑은 정신 수양에서 깊어진다.

부모님의 훈계는 천금과 같으며
스승의 좋은 교훈은 보화와 같고
하나님의 말씀은 만복의 근원이다.

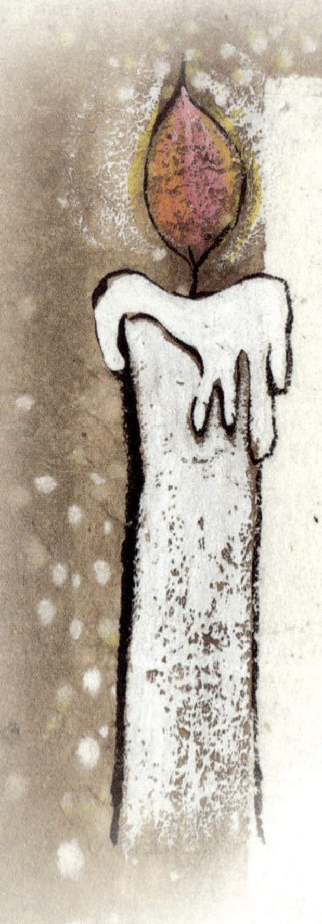

하나님은 태초에 사람에게 법을 주셨다.
인간이 법과 질서 속에 행복을 만들도록
누구나 스스로의 분별력과 결정권을 주셨다.

인간에게 왕의 자리에 앉을 수 있는 자질도
동시에 가장 비천한 자가 될 수 있는 약점도
모든 사람이 평등하게 살수 있는 공의도 주셨다.

예수가 하나님의 아들로 왔든지
빈민촌 가난한 사람으로 왔든지
누구든지 만나는 기회는 있었다.

자유란 의도 행할 수 있고
멋대로 죄도 범할 수 있으며
범죄한 자는 자유를 잃는다.

낚시 바늘에 걸린 놈은 먹는 것에 약하고
올무에 걸린 놈은 함부로 뛰다 걸려들고
탐욕과 무절제는 자신을 망치는 지름길이다.

환난은 인생의 연단을 위함이며
시련은 하나님의 영광의 시작이요
죽음은 부활의 승리를 얻기 위함이다.

재물을 빼앗아 가는 것은 탐욕이요,
행복을 빼앗아 가는 것은 유혹이니
모름지기 자기 마음의 도둑을 잡아라.

맨주먹엔 용기가 있고
시련엔 희망이 있으며
깊은 밤 뒤엔 빛이 있다.

더불어 나누는 자가 이웃이요,
탐욕을 가진 자는 적이되므로
행복한 삶은 서로를 도와줌이다.

누구나 이력서 2통이 있으니
하나는 생활의 목록이요
또 하나는 죄의 경력이니라.

인간은 돈을 가장 좋다고 하며
돈은 죄에 너무 쉽게 빠져버리고
돈과 죄는 지옥에 둥지를 틀고 새끼친다.

하나님 없이 하와가 먹은 선악과는
하나님 없는 유물론자의 신이 되었고
진리와 빵의 선택은 선과 악의 갈림길이다.

세상은 완전한 실패자를 알 수 없고
죽음이 있는 한 성공자도 알 수 없으니
실패와 성공은 저울에 달 수 없다.

가난은 모든 생활에 많이 불편하며
가난은 하고 싶은 일을 하지 못하나
가난 속엔 부가 못 찾는 진리가 들어 있다.

근면은 행복한 가정을 꾸미는 초석이요,
정직은 복지 국가를 건설하는 초석이며
신뢰는 세계 평화를 이루는 초석이 된다.

모두의 직업은 자기 몸과 같고
직업의 경영은 삶의 주식이며
직장이 건실해야 몸도 건강하다.

이웃은 서로의 수족과 같고
서로의 필요를 보충해 주며
이웃이 없으면 형제도 없다.

우정은 끈끈한 엿 맛이요,
사랑은 달콤한 꿀 맛이며
신앙은 영원한 살 맛이다.

마음의 욕심이 없는 사람과
행복을 만들어 가는 사람에겐
에덴동산의 문이 열려 있다.

가난은 한 때의 어려움이고
한 순간 지나가는 어려움은
성실한 생활의 초석이 된다.

믿음은 어떠한 어려움 속에서도 실망이 없고
인간이 바라는 이상은 천국의 소망이며
사랑은 믿음의 주체, 영원한 승리의 완성이다.

사랑으로 세상에 왔습니다.
사랑으로 키워졌습니다.
사랑을 위하여 성장했습니다.
사랑과 사랑으로 맺어집니다.
사랑으로 살다가
왜? 죽음으로 가는 것입니까?
죽음이란,
참 사랑으로 가기 위한
미움의 버림입니까?

자신이 존재하고 있다는 사실도 잊고 산다
사랑에 대한 사랑도 모두 잊어버린 채
사랑은 온 우주에 가득 차 노래하고 있는데.

사람이 진리를 따르지 못함은
모르는 까닭이 아니요
배고픈 까닭도 아니라
자신을 스스로 속임이니라.

돈방석에 앉았다 해도 가난한 이웃을 잊지 말며
권세를 얻었다 해도 약한 자를 멸시하지 말라.
돈과 권세는 약자를 위해 사용될 때 참 가치가 있다.

앞서 뛰어가는 자라고 자랑하는 것이 아니며
뒤에 따라가는 자라고 실망할 것이 아니요
앞서거니 뒤서거니 하는 것은 언제나 있는 일이다.

세월은 언제나 새로운 날로 우리 앞에 서 있다.
우리는 수많은 날들을 잡지 못하고 그냥 보냈지만
오늘 가면 내일 또 세월은 우리 앞에 다가올 것인데.

신은 도덕(道德)도 아니요
윤리(倫理)도 아니요
성인(聖人)도 아니요
종교(宗敎)의 감투도 아니다.
인간을 죄에서 구원하기 위해
자기 생명을 주는 존재이다.

얼굴에 미소가 가득한 사람은 행복을 불러오고
생활에 기쁨이 가득한 사람은 행복이 함께 하며
내일의 희망이 가득한 사람은 행복의 에덴을 만든다.

가난한 마음

출렁이는 바다보다
잔잔한 호수이고 싶다.

넘치는 강물보다
내 마음 골짜기 샘물이고 싶다.

요란스런 나팔소리보다
세미한 풀벌레소리이고 싶다.

궁궐 안 조화보다
초토 속에 피어난 들꽃이고 싶다.

높디높은 바벨탑이기보다
냇물 흐르는 언덕 위 초가집이고 싶다.

고난은 희망이 있는 언덕이다

담벼락을 끼고 돌아
눈물의 짠맛을 안다.
가슴저린 고난을 딛고 일어선
유채 꽃 미소가 어여쁘고
수많은 만물의 목마름에
생명의 근원인 눈물이 쏟아진다,

뺨을 치는 바람 매서운데
삶의 여유있는 행동으로
비바람 몰아치면 춤을 추며
어둠이 밀려오면 희망을 바라보고
고난을 노래하며 살아가는 강산은
언제나 언덕 위에 희망이 넘치고

축제의 꽃으로 시작하는
희망이 춤추는 봄 언덕엔,
고난과 시련이 어울려
행복의 동산을 만든다.

사랑과 진리는 하나님의 형상이며
Love and truth are shape of God

성경은 인생의 영몽이요 행함은 현실의 축복이다.
The Bible is spiritual dream of life and the
action of faith is the real blessing.

제 2 편

축복의 주체

진리

진리

깊고 깊은 생명
깊이 팔수록
맑고 맑은 샘물

인생 설계의 잣대로 삼아
삶의 기초를 놓고
기둥을 세우자

일직선 곧은 길을 따라
좌표를 향하여
인생의 갈 길만을 가자

그곳엔
축복의 수확이 숨어 있어
창조의 척도를 알며
행복한 삶을 공급받는다

가장 확실한 믿음이 있고
선악을 분별하며
언제나 지혜의 인간을 만들어 낸다

진리는 언제나 네 앞에 서서
깊고 깊은 베일을 벗기며
숨어 있는 큰 기쁨을 네게 안겨준다

세상에 둘도 없는 친구가 되어
비바람에도 정은 더욱 깊어
오직 사랑만을 위해 희생한다.

태양은 하루를 빛내기 위함이니
새벽은 먼저 일어나는 자의 것이요
하루는 부지런한 자의 몫이니라.

백두산이 무너진다 해도 믿음만은 잃지 말 것이며
태평양 파도가 밀려온다 해도 두려워 말 것이며
높은 자리에 오른다 해도 진리만은 잊지 말 것이니라.

냉수는 우물에서 마시고
떡은 쌀독에서 만들고
낙원은 성경에서 찾아라.

희망은 폭풍우 속에서도 살아있고
절망은 잔잔한 호수에서도 죽어 있으며
희망과 절망의 차이는 삶과 죽음이다

자연보다 더 좋은 교훈
진리보다 더 좋은 스승
사랑보다 더 좋은 선생은 없다.

소위 값어치있는 것을 찾아 군림하는 자가 아니라
가장 낮은 자리에서 가장 무가치한 인간을 찾아
최고의 가치로 변화시켜 주시는 분이 예수님이시다.

평생 벗지 말아야 할 옷 3 벌
거룩한 의의 속옷이요
따듯한 효의 안옷이요
든든한 신뢰의 겉옷이다.

물을 가진 우물이 물을 주고
물을 가진 구름이라야 비를 주며
대속의 피를 흘린 자만 구원을 준다.

밝은 미소 속엔 행복의 알을 품고
말 한 마디 속엔 천냥이 들어 있고
냉수 한 그릇은 선행의 씨앗이 된다.

사랑은 보이지 않는 하나님의 형상이요
효는 보이는 행실의 으뜸가는 형상이요
의는 모든 인간의 생명의 근본 형상이다.

사람이 산다는 것은 기쁨을 얻기 위함이니
기쁨을 얻기 위하여 의롭게 살아야 하며
의를 버리는 자는 기쁨을 잃게 되느니라.

나의 행복은 남을 돕는데 있고
진정한 사랑은 성실함에 있으며
의는 내 생애 최고의 보화이다.

오늘의 진실은 내일의 기쁨을 가져오고
순간의 거짓은 영원의 눈물을 가져오며
하루의 성실함은 내일의 축복을 싣고 온다.

의는 인간 삶의 기둥이 되며
의는 가장 멋진 인간을 만들고
의는 기업의 가장 큰 자산이다.

의를 위해 사는 하루는 기쁨이 넘쳐나며
자기만을 위한 하루는 이기의 벽을 쌓고
불의를 행하는 하루는 고통의 일생을 산다.

모래알 3

모래알 하나의 깨어짐은
우리 모두의 소망이 된다

모래알 한 알의 짓밟힘은
우리 모두의 일어섬이 된다

깨어지고 부서지는 아픔이 있지만
다시 응결되는 희망이 있다

시련은 진주가 되어
환난은 수정이 되어

넌 낙원의 기둥이 되어
아픔보다 기쁨의 둥지가 된다.

거울과 얼굴(목자의 노래 : '97문예사조 등단시)

사람은 누구나 거울을 봅니다
그러나 마음속은 보이지 않습니다

거울은 언제나 그럴듯한 얼굴이라고 말합니다
거울로 볼 수 없는 마음은 어떻게 생겼을까?

이른 봄 벚나무 앞에 다가섰습니다
내 얼굴은 보이지 않았습니다

손짓도 없는 목련꽃 앞에 섰습니다
순박한 님의 얼굴뿐이었습니다

뜨거운 태양이 사랑을 태우던 날
나는 장미꽃 앞에 서 보았습니다

장미꽃 거울엔 내 얼굴은 보이지 않았습니다
오로지 정열이 넘치는 임의 얼굴만 보였습니다

탐스러운 감나무 앞에 얼굴을 내밀었습니다
그처럼 초라한 모습인 줄 몰랐습니다

넓은 들판으로 달려가 풍년을 보았습니다
내 얼굴은 고개를 숙인 채 두 손으로 가리고 말았습니다

백두대간 모두 은색 거울을 가지고 있었습니다
내 얼굴엔 허물뿐인 모습으로 눈물만 흘렸습니다

이 세상에서 가장 아름다운 얼굴은
땀방울로 익어 여는 열매였습니다

참 좋은 거울은 진실한 마음을 보여주는
눈물로 범벅이 된 참회의 얼굴인 것을 알았습니다

시인이 되어

비가 올 땐 저 들판으로 달려가
쏟아지는 빗물 되어 시를 쓰자.
나를 미워하는 사람들조차
흠뻑 울릴 시를 쓰자.

바람이 불 땐 저 산으로 올라가
상큼한 바람 되어 시를 쓰자.
고달픈 나그네 인생들조차
숨통 터질 시를 쓰지.

태양이 밝게 비치는 날 저 푸른 바다로 가
출렁이는 파도 되어 은빛 시를 쓰자.
아웅다웅 인간들조차
마음 녹일 시를 쓰자.

달 밝은 밤엔 저 하늘로 나아가
거룩한 빛 되어 시를 쓰자.
빛난 별조차 모두 벗삼아
꺼지지 않는 시를 쓰자.

광활한 저 세상으로 나아가
희망의 복음 되어 시를 쓰자.
스산한 갈밭조차 불 밝혀 줄
가슴 뭉클한 시를 쓰자.

고난에서 만들어진 행복이 더욱 아름답고
쓴맛을 아는 인생이 단 맛에 감사하고
부모의 은혜를 아는 인생이 자식의 효를 빈는다.

열 두 광주리에 떡을 가지고 진리를 가지지 못하면 멸망
하는 짐승이요
빵 한 조각을 가지고도 진리를 가지면 풍성한 생명을 얻게
되며
사람은 품행으로 그 인격을 알게 되나니 진리는 곧 영생의
근본이다.

샘물

1.
자랑할만큼 크지도 넓지도 깊지도 않은
골짝 바위틈 뚝배기 같은 청빈한 모습
주님의 큰 사랑을 그 누가 알랴마는
고마움알까 그 고마움알까
덜굳은 질그릇에 솟아난 샘물
청결한 순결 강물에 비할까 바다에 비할까
한점 티 없는 맑은 샘물처럼 살고 싶어라

2.
흠모할만큼 풍채가 곱지도 아름답지 않은
메마른 땅에 연한순 같은 청순한 모습
들의 꽃도 주님의 사랑을 알랴만은
누가 주알까 그 누가 주알까
메마른 사막에 솟아난 샘물
사랑의 주를 은금에 비할까 권세에 비할까
한점 티 없는 주 예수님처럼 살고 싶어라.

기도의 응답은 하나님의 큰 뜻을 발견함이요
사람의 간구는 생활의 요구를 허락하심이며
응답과 허락은 하나님과 인간의 뜻의 차이다.

죄보다 더 달콤한 것은 없고
호기심보다 짭짤한 맛은 없으며
유혹보다 꿀 맛 같은 것도 없다.

땅은 모든 것을 만들어 내고
바다는 바람을 내어 숨쉬게 하며
하늘은 땅과 바다를 사랑한다.

진리를 깨닫는 사람이 복이 있고
진리를 행하는 자는 열매를 얻으며
세상 것 버린 자는 하늘의 것을 얻는다.

떡보다 배움은 더 귀하고
옷보다 순결은 더 귀하며
돈보다 인격은 더 귀하다.

미련보다 더 무거운 것은 없고
무지보다 더 숨막히는 것은 없으며
간사보다 더 가벼운 것도 없다.

간교보다 더 교활한 것 없고
교만보다 더 높은 것은 없으며
탐욕보다 더 깊은 것도 없다.

인간이 제 멋에 취할 때 탕자요
육신의 떡에 치중할 때 우매자며
자기 욕망에 빠질 때 금수와 같다.

배고픈 사람은 빵을 찾고
목마른 사람은 물을 찾으며
진리를 찾는 자는 자유를 얻는다.

전화 위복(轉禍爲福)

십자가의 끝은 죽음인 줄 알았지?
승리의 개가를 부르지 못하는 무지
부활을 믿지 못하는 사두개인
좌절이 네 양식인냥 헤어나지 못하는 비굴

좁디 좁은 협착한 길을 가는 것이
약할 때 곧 강함이라
승리의 깃발은 그 앞에 있나니
고진 감래 기쁨이 넘치니

고난을 딛고 일어서는 자만이
생명의 존귀함을
삶의 보배로운 존엄한 가치로
아픔을 이길 때 고통은 물러간다.

믿음의 땀방울은 전화위복의 증거
고난이 축복이 되는 지름길임을 알며
달란트 통한 기쁨은 금면류관이요
십자가는 최후 승리 영광의 표상임이로다.

육의 껍질은 사단이 좋아 따라가고
영의 알맹이는 천국으로 들어가며
하나님은 알곡과 껍질을 분리하신다.

사회 혼란은 하나님을 떠남이요,
복지 건설은 하나님을 찾음이며
행복과 저주는 찾음과 떠남이다.

하나님은 자연에 참 자유를 기록하셨으며
인간의 양심에 불변의 법을 새겨놓으셨고
사람의 입을 통하여 진리를 선포하신다

행복 2

보일 듯 보일 듯 보이지 않는
잡힐 듯 잡힐 듯 잡히지 않는
행복은 안개 속에 숨어 있는가 봐
안개 걷히면 햇빛은 더욱 빛나고
내 가슴 속에 새날이 노을져요

아픈 듯 하면서 있어야 하고
있어야 하면서도 견디기 어려운
비바람 속에 행복이 들어 있는가 봐
폭풍우 지난 후 햇빛은 더욱 빛나고
내 마음 저 맑은 하늘에 날개를 달아요

가까이 있는 듯 하면서도 멀리 있고
멀리 있는 듯 하면서도 내 가슴 속에 닿는
무지개 속에 행복이 숨어 있는가 봐
남쪽 하늘에 무지개는 사랑의 허니문
행복을 꿈꾸는 연인의 가슴에 남아 손짓하네요

사랑스러운 듯 하면서도 냉냉하고
냉냉한 듯 하면서도 사랑스러운
함박눈 속에 행복은 숨어 있는가 봐
북풍한설 지난 후에 봄은 더욱 가깝고
남풍불면 내 가슴은 행복에 설레어 노래 불러요

돌다리도 두들겨 보고 건너야 하며
일을 결정하기 전에 확인을 하느니
마귀도 적당하게 성경을 이용한다.

어리석은 자는 함께 한 이웃을 모름이요,
더 어리석은 자는 자기 자신을 모름이며
가장 어리석은 자는 하나님을 모름이다.

진리는 저 높은 산꼭대기에서부터
저 깊은 바다 속까지 흘러 넘치며
인간의 죄도 산과 바다 끝까지 흐른다.

진리가 가장 머물기 힘든 곳
진리가 없는 곳이 있나 보라.
있다면 사람의 악한 마음뿐이리.

거짓을 통하여 죄가 오고
죄를 통하여 고통이 왔으며
죄가 없으면 고통도 없다.

정직 그것은 최초의 법이요,
현재도 정직은 최고의 법이니
정직한 사회만이 나라를 세운다.

지식은 학으로써 알고
지성은 인격으로 알며
의인은 진리로써 안다

바다의 사랑 고백

거침없는 심호흡으로 바다는 오늘도
끝간데 없는 가슴을 열어 사랑을 가르치며
절절히 사무친 열애의 밀어들을
모래알로 성을 쌓아 사연을 기록하고
끝없이 출렁이는 인간사의 넋두리인 냥
피보다 진한 애련함을
뭉클뭉클 눈물로 쏟아 고백한다
사랑이란, 아픔을 참고
때로는 가슴아린 모성애로
바위를 부수고
사랑은 이처럼 강한 것이라고 웅변하며
세상이 버린 모두를
끌어 안아도 안아도
싫다는 말 한 마디 없이
모래를 씹으면서 웃음 짓고
모진 풍상 다 집어삼키고도
사랑으로 품는 어머니의 가슴
그대의 고백은 함성소리보다 크고
심장 뛰는 가슴보다 뜨겁다
아...! 한 점 티끌도 마다 않고
끌어안는 포용 앞에

편협한 옹졸한 가슴을 펴고 지애를 알자
언제나 쪽빛 순결의 시를 쓰고
바람 빌어 청초한 수묵화를 그리며
사랑의 절규로 몸부림치지만
고요히 흰 갈피를 접어 그리움을 묻고
바다는 청순한 사랑의 포로가 되어
찬미의 날개 짓으로 평화의 노래를 부르며
바다는 오늘도 존엄한 사랑을 고백한다.

조그마나

가느스름한
한 가닥 빛 줄기가
가장 어두운 곳에서
갈 길을 인도하고

그대 작은 마음에
싹트는 진실은
인류에의 새 빛되어
태양보다 밝게 하리

조그마나 소중한
작은 마음의 의로움이
어두움을 뿌리치고
청천을 향해 뜨겁다.

그대가 보고 싶다 (8. 15상봉)

들창 너머로
고개를 들면
내 눈길 닿는 곳마다
피어오르는 그대

그대를 바라보다

두 눈의 골이 깊어지고
가슴엔 한 맺힌
반백년간 통한의 그리움
쇳물보다 더 뜨겁고
피보다 진한 눈물로 만들어진
통일의 종을 울리자

복받치는 설움
만남의 정으로 한풀이 하고
남남 북녀 사랑으로
천년 만년 살자구나

지식은 학으로서 알고
Knowledge is gained by hard work

지성은 인격으로 알며
Intellect is known by personality

의인은 진리로서 안다.
Righteous person is known by the truth.

제 3 편

삶의 필수적 기능

지혜

욕망은 탐욕의 산물이고
교만은 위선의 산물이며
질투는 이기의 산물이요
사랑은 진리의 산물이다.

모양보다 마음을
말보다 행함을
축복보다 믿음을
가장 먼저 생각하라.

마음속에 있는 생각은 행동보다 크며
사상 속에 있는 관습은 현실보다 강하고
관념 속에 있는 생활은 현실을 압도한다.

루터의 개혁으로 기독교인이 부자가 되었고
돈을 좋아하는 바리새교인들이 교회에 많으며
루터는 지금도 개혁을 해야 산다고 말한다.

교회 안엔 지금도 하와를 부러워하며
선악과를 찾는 사람들로 만원이며
십자가 보다 허영을 쳐다보고 있다.

지혜를 얻은 사람이 복이 있고
거듭난 사람이 새 생명을 얻으며
사람은 두 번 세 번 만들어져야 한다.

허수아비에겐 신령과 진정이란 있을 수 없고
세속에 빠진 사람에겐 사회 정의가 필요 없으니
살아 있는 사람에겐 의와 진리가 생명이니라.

하나님은 언제나 풍요로우나 서민적이면서
격에 어울리지 않는 괴물은 만들지 않았고
울긋불긋 부자의 화려함은 사단의 본색이다.

무지한 자는 자기 영달을 위해 우상을 섬기고
미련한 자는 한 조각 빵을 위해 자유를 버리며
지혜 자는 진리와 자유의 존귀를 아는 법이다.

총명은 새벽의 빛같이 선명하고
지혜는 정오의 빛같이 광명하며
명철은 석양의 빛같이 영화롭다.

인생의 현명과 무지의 차이는
겸손과 교만의 차이와 같으며
사랑과 미움의 차이와 같으니라.

인간의 우월감이란 홍시와 같다.
한 순간 처다 보는 사람이 많지만
불원간 바람에 떨어지는 낙과니라.

하나님을 아는 것이 참 지혜요.
하나님을 경외하는 것이 명철이며
하나님을 순종하는 것이 현명이니라.

<기도시>

앞집에 어린애가 몹시 울고 있습니다.

우는 아이에겐 젖을 주고
웃는 아이에겐 뽀뽀를 해주고
뛰어노는 아이에겐
행여나 넘어질까
걱정의 눈길을 떼지 않습니다.
저 아이의 울음은,
엄마와 다투는 울음같습니다.
행여나 나도
저 아이처럼 울고 싶어집니다.
확실한 뜻도 없이
그저 울고 싶습니다.
배가 고파서도 아닙니다.
어디가 아파서 울고 싶은 것도 아닙니다.
웬지도 모르면서, 울고 싶습니다.
이제 소리를 지르듯 울고 있습니다.
그 소리엔 엄마도 지는 모양입니다.
어느새인가,
대나무 꺽는 소리처럼 끝이 나고 말았습니다.

나도 그렇게 울고 싶습니다.
주님,
내가 그렇게 울면
주님도 꼼짝 못하시겠지요,
내 나이 불혹이 지난지 벌써 오래 되었습니다.
내가 지금
저 아이처럼 운다면
주님은 어찌하시겠습니까?
그 아이는 엄마를 믿기에
젖 먹던 힘을 뽑아 울 수 있었겠지요,
엄마를 믿는
그 아이의 믿음은
쉽사리 엄마를 이기고 말았습니다.
모성애의 사랑으로 흔적조차 없어졌습니다.
주님,
내가 지금 그렇게 운다면
절대로 어울리지 않겠지요,
어떻게 울어야 할까요?
난 그 울음을
잃은지 오래되었습니다.
다만 가슴 속으로 울 뿐입니다.
소리쳐 울고 싶지만,

목메어 나오지 않습니다.
눈물을 흘리고 싶지만
눈물도 말랐습니다.
짧지 않은 세월에
희극으로 살고 싶었지만
비극으로 살 때가 너무 많았습니다.
자랑스럽게 살고 싶었지만
부끄럽게 사는 때가 많았습니다.
지금 울고 싶은 마음도
그 때문인지도 모릅니다.
프로이드의 정신분석학을 전공했다면
울고 싶은 마음도 없을 수가 있겠지요,
주님,
내 정신은 맑은 하늘을 바라보고 있습니다.
내가 울고 싶은 까닭은
그 어린애의 마음 뿐입니다.
엄마의 회초리를 보면
난 더 소리쳐 울 것입니다.
그 아이보다 더 큰 소리로
울고 말 것입니다.
나는 주님을 믿습니다.
엄마가 아이를 달래 주는

그 사랑보다
더 깊고 큰
사랑으로 달래 주실 것을,
그래서 더 울고 싶은 지도 모릅니다.
긴긴 밤을 새워 울고 또 울고 싶습니다.
때로는 편지를 쓰면서
때로는 사랑의 노래를 부르면서
때로는 꿈속에서라도
주님을 붙잡고 실컷 울고 싶습니다.
마음 여린 여자들 같다구요
주님,
난 지금
그보다 더 여리답니다.
차라리 우는 아이이고 싶습니다.
창 넘어
빈 하늘만 쳐다보는
목마른 사슴입니다.
밟히면 소리없이
아픔을 달래는 지렁이입니다.
울던 아이는 이제 뛰어 놉니다.
울었던 흔적도 없이
엄마를 믿고 있습니다.

나도 조용히 두 눈을 감고
주님을 찾아 봅니다.
나의 울음을
기쁨으로 바꾸시며
나의 눈물을
안식으로 바꾸시는
주님을 믿고 기도합니다.
소리 없이 소리 치는
나의 울음을
주님이 울어 주시리라
믿어
눈물로 감사합니다.
언제나 내가 울 땐
주님 또한 우셨기에
울고 싶은 지금
난 주님을 믿고 웁니다.
나의 눈물을 받으실 이는
오직 나의 주님 뿐이시니까요,
엄마를 믿고
마음껏 울었던 아이처럼
나도
주님을 믿기에

울고 싶어 울었습니다.
주님의 손길은
이별의 손수건보다
더 따뜻하기에
어린아이의 투정으로 울었습니다.
주님,
다른 사람인들
울고 싶지 않은 이가 어디 있겠습니까.
지금도 남 모르게 울고 있는 이들을 아시지요,
함께 울 수 있는 사람이 있다면
오히려 행복할 것입니다.
주님,
나에게 그런 울음을 주세요,
이웃과 함께 울 수 있는 울음을
주님,
나에게 주님 같은 손을 주세요,
손수건 보다 더 따뜻한 손을 주세요.
울고 싶은 사람과 함께 울고
눈물 흘리는 이웃에게
눈물을 닦아 줄
그런 손을 주세요.
태풍에 울고
지진과 기근에 울고

좌절과 절망에 우는 이웃들이
지구촌 안에
쉼 없이 울고 있답니다.
끊임 없는 전쟁
싸움과 미움과 죄악으로
시기와 허영과 탐욕으로
아우성인 이 세상에
주님의 가슴을 주세요,
함께 울고 함께 살도록
주님의 가슴을 주세요.
엄마 없는 인생이
어디에 있으며
손수건 없는 사람이
어디 있겠습니까.
그러나 가슴에 남은 앙금은
그 무엇으로도 씻을 수가 없대요,
주님의 가슴이 아니고서는
치료할 수 없는
상처들을 끌어안고 아우성치고 있습니다.
목자 없는 양떼인냥
방황하는 이웃에게
주님의 가슴을 주세요.

나의 냉랭한 가슴을 버리고
주님의 뜨거운 가슴을 주세요.
나의 이기적인 손을
사랑의 손으로 새롭게 하시고
그들의 눈물을 닦아주게 하옵소서.
우리의 이웃에서
소리 없는 울음 소리가
주님의 가슴을 기다리고 있습니다.
주님의 손길을 부르고 있습니다.
저 소리도 못지르는
아우성 소리에
잠 못 이루고 있는 이웃들을 보소서.
주님,
저들의 엄마가 되어 주세요,
아이의 울음을
흔적도 없이
기쁨으로 바꿔 놓은
엄마가 되어 주세요.
내 이웃의 어린아이들이 울고 있습니다.
내 이웃의 아픔들이 울고 있습니다.

말똥가리와의 사랑

　사람은 누구나 새처럼 훨훨 날고 싶은 욕망이 있다. 새처럼 맨몸으로 날기란 꿈에 불과한 것이고 꿈속에서나 가능할 것이다. 그러함 때문인지 나는 어려서 꿈꿀 때마다 나지막한 언덕만 있으면 날아다녔다. 그러다가 꿈속에서 지도를 그려서 키를 쓰고 소금을 얻으러 다닌 적도 몇 번 있었다.

　그 어린 시절에 숙모님께 부지깽이로 키를 때리며 야단 맞던 일도 가끔 생각이 난다. 그렇게 야단을 맞고도 잠을 잘 때 꿈을 꾸기만 하면 또 지도를 그려 자고 일어나면 난처한 일이 가끔 있었다. 날고 싶은 욕망에서였는지 나 자신도 생각지 못한 이곳까지 날아와 호젓한 시골동네에서 일을 하게 되었다.

　이곳에 와서 보니 고향을 찾아온 아늑한 기분도 들고 이웃 어른들의 정겨운 인심도 맛볼 수 있었고 때로는 쓸쓸함을 느끼기도 하였다. 도시의 눈코 뜰 새 없는 생활에 비하면 때로는 무료한 시간도 있다. 한낮엔 모두 일터로 나가 사람이 살지 않는 동네처럼 조용하다. 그럴 때면 배낭을 걸머지고 등산을 가곤 했다. 천성이 산을 좋아하고 바다, 꽃, 나무, 바위, 새, 물고기 등 좋아하지 않는 것이 없을 정도로 모든 자연을 무척 좋아했다. 한때는 동산을 옮겨 놓은 것처럼 아름답게 꾸며보기도 했다.

그러던 어느 날,

"목사님 계시꺄?"

강화 사투리로, 처음에 가서는 참 이상하게 들렸다. 젊은 사람들도 연세 많은 노인들에게,

"이랬씨까, 저래씨까" 하는 말이 저럴 수가 있나 했는데, 알고 보니 전형적인 강화 사투리였다. 약간은 강원도 사투리와도 같았다.

"네 누구세요?" 대답도 채 끝나기 전에 문을 열고 들어온다.

"아, 아저씨 웬일이세요"

아랫집에 사시는 아저씨가 찾아오셨다.

"이거 길러 봐유"

하며 큰 닭 만한 독수리 같은 큰 새를 내밀면서,

"이런 것 좋아하시기에 가져왔씨유, 농약을 먹었는지, 저 산에서 주웠는데 다 죽어 있더라구요,

"농약 먹은, 쥐를 먹은 모양이군요."

"목사님, 한 번 살려 보슈"

"네, 그것이 살아날까요?"

축 늘어진 것이 살 것 같지 않았다. 생전 처음 눈으로도 보기 힘든 독수리를 내 손으로 만져보니 기분이 괜찮았다. 아니, 마음이 설레어 가슴이 두근거렸다. 이웃집 아저씨를 통하여 웬 이방인과의 금세기 신비의 사랑을 하게 되었다. 이따금 들판에 나가면 아주 낮게 논두렁을 날면서 나의 눈을 유혹하

던 놈이 이제 내 손안에 들어왔다는 기쁨에 여간 좋은 것이 아
니었다.

"야! 저런 놈 한 마리 붙잡아 집에서 키워봤으면"

사실 며칠 전 들에 나갔다가 기르고 싶은 생각에 군침을
삼켰으니, 이건 굴러들어온 떡보다 더 신기하고 신나는 일이
었다.

'아씨스의 성자 프란씨스는 새하고 대화를 하였었다는데'
다른 사람들을 보면 참새 한 마리라도 잡아먹으러 들고, 미꾸
라지 한 마리라도 추어탕을 끓이는데, 나는 성격이나 체질적
으로 추어탕 한 번 먹어보지 못하고, 새를 잡아먹는 일은 생
각해본 적이 없다. 이웃집 필현 네는 가끔 추어탕을 끓여 시
끌벅적 하게 왁자지껄하면서 맛있다고, 와서 먹어보라고 늘
부르는데 먹어본 일도 없고 먹고 싶은 생각도 없어 항상 사양
하는 것이 미안할 정도였다. 틀림없이 누구든지 이 새를 보면
잡아 먹자고 할 것이다. 나는 두근거리는 마음으로 어디 한
번 잘 살려보자 하고 기도하는 마음으로 두 손으로 안아보았
다. 막상 두 손으로 안아 보니 상당히 큰 것이었다. 날개를 펴
보니, 거의 내 팔을 벌린 정도의 크기와 맞먹는다. 발톱은 역
시 갈쿠리처럼 사납고 날카로웠다.

"야, 좋긴 좋은데, 이거 어떻게 살리지?" 나 뿐 아니라 아이
들이 모여들어 신기한 듯 물끄러미 바라보고들 있었다.

"은혜야 빨리 가서 사이다나, 콜라 좀 사와"

한때 얻은 경험으로 살려 보기로 했다. 얼마전 일이었다. 우리 집 꺼비가 어쩌다 쥐약을 먹고 거품을 흘리며 죽는다고 꺼겅 꺼겅 대며 이리 뛰고 저리 뛰고 난리를 치는 것이었다. 꺼비는 개 이름이었는데, 이웃집 '필현네' 어미개가 새끼를 낳았는데 새끼가 자라면서 우리 집으로 내려와 아이들과 놀며 제 집으로 갈 줄도 모르고 매일 살다 시피 하여 얻어 기르게 되었다.

그 강아지가 꼭 두꺼비같이 탐스럽게 털북숭이로 생겨 아이들이 이름을 붙인다는 게, '두' 자를 빼고 꺼비라고 불렀다. 이 꺼비에 얽힌 이야기 중 신기한 일이 있었는데, 그 이야기는 다음에 하기로 한다. 이 꺼비가 죽는다고 소리치는데, 어떻게 할 방법을 몰랐다.

평소 개치고는 워낙 말을 잘 들었다. 한 가지만 칭찬을 해보면, 설거지하는 상이 부엌에 있고 비린내나는 생선 가시가 있고, 사람이 없이 개 혼자 있어도, 절대로 상에 주둥이를 대는 법이 없다. 이런 꺼비가 죽는다고 소리치는데, 어찌할 방법을 몰랐다. 눈물이 날 지경이었다. 우리 아이들, 은혜, 영근, 보람, 필현, 재묵이와 많은 아이들이 몰려 와서 울먹거리면서,

"어떻게 해, 어떻게 해" 하면서 야단들이다. 그러던 중 퍼뜩 머리에 떠오르는 것이 있었는데, 콜라라도 한 번 먹여보자는 생각이었다. 그것이 의학적이거나 상식적인 줄도 모르고

무조건 삭아 내려가라고 콜라를 먹이고 불쌍히 여겨 살려달라고 기도도 하고, 그랬더니 죽은 듯 하던 개가 한참 후 살아나는 것이었다.

'은혜가 사이다를 사왔다.' 그 때 그 경험을 살려 이 독수리 같은 녀석에게도 억지로 숟갈로 떠 먹였다. 잘 삼키지도 못한다. 사이다를 반은 더 흘려가며 주둥이를 추켜들고 입을 벌리고 먹여봤다. 아침나절에 그랬는데, 저녁나절에 비실비실 고개를 들고 깨어나는 것이었다.

"이놈이 산다면 얼마나 좋을까 "살아나면 무엇을 먹여야 하는가? 고기를 먹이기로 하고, 읍으로 달려가 돼지고기 한 근을 사왔다. 결국 살아나서 생기를 되찾았고 그 놈도 나도 살맛이 났다. 일을 하면서 자연적으로 동물들에게까지 기도를 해주는 입장이 된 것이다. 정신이 드는지, '말똥말똥' 나를 쳐다보는 것이었다. 마치 생명의 은인을 바라보는 아주 순진스런 눈망울을 굴리며 무엇인가 말을 하려고 하는 눈치가 보인다. 내가 먼저 말을 건넸다.

"야, 너 어쩌다, 이렇게 되었니? 무엇을 잘못 먹었기에 이렇게 되었니? 여하간 너를 이렇게 만나다니 참 반갑다. 너를 내 품에 안아 보다니."

처음에는 이 놈이 정확하게 무슨 새인지도 모르고 독수리처럼 생기고 매보다는 커서 무조건 독수리로 생각했었다. 사전을 찾아보니 이 놈이 바로 '말똥가리' 였다. 기운이 없던지,

아니면 매보다는 온순해서인지 생각보다 상당히 순하고 고분고분 했다.

더욱 중요한 것은 어떤 야생 동물이라도 사람을 알아본다는 것이었다. 사람을 무서워만 하는 것이 아니라, 사람이 잘해주는 것을 다 알고 있다는 것이다. 혹시 야생 기질이 발동해서 그 날카로운 발톱으로 들쥐를 낚아채듯 얼굴이나 손을 콱 채면 어떻게 하나 걱정도 있었다.

사실 알고 보니 그런 걱정은 사람의 얕은 생각에 지나지 않았다. 우선 두 손으로 안을라치면, 고개를 숙이고 꼬리를 내리고 어쩔 줄을 모른다. 이방인과의 첫사랑에 수줍음인지 기세 등등하던 적장이 포로가 되어 무릎을 꿇는 그런 패잔병의 주눅인지 아니면, 생명의 은인을 알아보고 죽음 직전에 살려준 고마움에 맹수의 기질을 감추려고 쩔쩔매는 것인지? 이런 사건이 인연이 된 이방인의 마음은 차차 알게 될 것이고 나는 그야말로 훨훨 나는 기분이었다.

지도를 그리며 날아다니던 어린 시절의 꿈이 이루어지는 큰 설레임이었다. 나는 이 '말똥가리'와 그 날 밤부터 내가 잠자는 방에서 함께 잤다. 이튿날 혹시나 해서 발톱을 깎아 주었다. 움켜쥐는 발의 힘이 보통이 아니다. 그런데도 장갑을 끼고 팔뚝 위에 올려놓으면 발톱에 힘을 꽉 주지 않고 살며시 앉아있다. 낮에도 껴안아 주고, 먹이도 주고 몇 날을 계속 방에서 함께 지냈다.

재덕이, 정선이, 아이들이 여러 명이 와서 말똥가리를 보고 매우 신기한 눈빛으로 바라보며 즐거워하고 있다. 말똥가라가 날개를 펴면 그 위용이 대단했다. 마치 정의의 마징가 제트 같아 보인다. 그 친구를 안아 보려면 상식적으로 알아 둘 일이 있다. 무조건 안아 주려고 하면 절대로 거부한다. 또한 어설프게 하체로 손이 가면 매니큐어 칠한 발톱이 그냥 놔두지 않는다. 함부로 손을 번쩍 들어 안으려 해도 그 날카로운 입이 가만히 있지 않는다.

대화부터 시작해야 한다. '아이러브 유' 로 시작해야 한다. 톤을 높여서 말하면 '아이 돈 노우' 해버리고 만다. 적어도 세 번 이상 사랑의 고백을 해야지 자기 몸을 안을 수 있도록 일 단계 허락한다. 표정이 안이도 좋다고 하면, 그 다음 살며시 그러면서도 잽싸게 말똥가리의 뒤통수, 가장 보들보들한 뒤통수를 두 손가락으로 닿게 해서 살살 아주 살살 쓰다듬어 주어야 한다.

어린 아기를 보듬어 안아주듯 아주 살며시 보드랍게 안아주어야, 연인처럼 수줍은 듯 고개를 숙이며 날개를 오그리고 꽁지를 내린다. 그 때 삼 단계로 살짝 안아주어야 한다. 뽀뽀도 잊지 말아야 한다. 세상에 말똥가리를 껴안고 잠을 자고 뽀뽀 까지 하면서 생활을 해본 사람이 어디 또 있을까? 은혜, 영근, 보람이와 동래 어린 친구들이 자주 몰려와 안아보려고 애를 쓰다가 날개를 쫙 펴면 "엄마야"하고 깜짝 놀란다. 말똥가리도 다른 동물과 같이 어린 아이와 어른들을 알아본다. 아이들이 "말똥가리야"하고 부르면 고개를 끄덕거린다. 먹이를 주면 잘 받아먹고 또 달라고 쳐다 보며 따라온다. 이 세상의 모든 동물과 자연은 우리들의 친구이다.

그러므로 자연을 사랑함이 인간 된 사명이며, 가장 좋은 이웃이 된다. 동래 아이들은 모두 말똥가리와 친구가 되어 사랑스럽게 만져보면서 즐겁게 놀며 독수리처럼 날개를 펴고 하늘을 훨훨 나는 흉내를 낸다.

"영근, 재덕, 재묵아, 우리들은 하늘을 나는 정의의 용사가 될 거야" 하면서 씩씩하게 뛰어 논다. 몇 달 동안을 키우면서 있었던 뒷이야기는 한 권의 책으로 엮어야 할 것 같고, 말똥가리는 다시 산으로 갔는데, 그 녀석이 지금도 힘찬 날개를 치며 하늘 높이 날며, 우리들과의 추억을 생각하고 있으리라 믿는다. 자연의 모두는 영원한 우리들의 사랑이다.

희망은 고난 속에 숨어 있는 보화이다.
Hope is a hidden treasure through suffering.

고난은 희망이 있는 언덕이다.
Difficulty bring us to the hill of hope.

꿈을 실현시키기 위한 서광이 비치는

믿음

믿음은 희망의 상상도 아니며
막연한 신기루의 기대감도 아니고
멀리 보이는 산봉우리가 아니라
내게 가장 가까운 작은 실천이다.

사소한 행동은 인격의 척도가 되며
의로운 용기는 생활의 지혜를 주고
진실한 믿음은 영원한 반석이니라.

믿음은 눈물과 탄식 속에서 기쁨을
고난과 역경의 눈물 속에서 영광을
부활은 사망과 절망 속에서 생명을

십자가

황량한 벌판에
상한갈대를 벗삼아
우뚝선 십자가

비바람에 상처난 갈밭에
목메어 우는 저 흰새는
너를 기대어 하루를 이기었다.

오늘도 너를 의지해
꺼져가는 생명도 미소지으며
상한 갈대는 찬송부른다.

십자가2

세상에서 가장 긴 팔로
가장 넓은 용서와
그리고 깊은 사랑을 주었다.

삶의 밀알이 되어
가장 자유로운 희생으로
인생 앞에 소리없이 서 있다.

피지도 않은 꽃으로 천국을 만들고
열매도 보이지 않지만
심은대로 알곡을 수확한다.

생명의 징검다리
언약의 복주머니
새롬의 출생지여
꿈의 동산
기쁨의 눈물바다
전화위복의 명승부

너, 부활의 무덤이여
낙원의 미로여
천국에로의 나침반이어라.

믿음은 깨어지는 모래알에도 희망이 있으며
소망은 어둔 밤하늘에도 반짝이는 빛이니
사랑은 걷어채는 돌 뿌리에도 살아있다.

자유는 자기 사랑이다.

미소는 행복의 시작이다.

의는 가장 멋진 인간을 만든다.

죄는 세워진 것도 무너뜨리고
의는 무너진 것도 새로 세우며
회개는 진정한 승리의 출발이다.

나는 샘물 그릇이요
우리는 복음 편지요
하나님 나라 주역이다.

하나님의 말씀을 잊는 순간부터 삶은 무너지는 것이요.
진리를 깨닫고 믿는 순간부터 반석 위에 서는 것이며
신앙은 무너지지 않는 나의 영원한 집을 짓는 일이다.

공의와 정직은 하나님의 속성이요
사랑과 진리는 하나님의 형상이며
회개와 믿음은 새 사람의 모습이다.

세상은 인간의 좋은 삶의 터전이고
재물과 재능은 좋은 삶의 도구이며
믿음은 생명의 좋은 자기 보호이다.

사랑하는 꿀샘으로부터

나로하여금 나의 마지막 삶에 희망이 되소서.
당신은 사랑받기위해 태어난 사람~
당신의 삶속에서 그 사랑 받고 있고 누리고 있음을 깨닫습니다.
제가 알고 있는 재주는 원숭이의 재주만도 못한 하찮은 것이란 것을 압니다.
주님이 주신 달란트는
언젠가 주님의 영광을 위해 씌임을 받도록 예비하신 것,
이 때가 그때가 아닌가 생각합니다.
저를 도와주세요~!
저를 단속해주시고 저의 주인이 되어주세요
예수를 바라보며 저를 단속해 주시기를 바랍니다.
담담하게 저를 이해해주시고 사랑해주시는 당신으로 하여
제가 더욱 빛이납니다.
제 가족 제 이웃 모두가 하나님의 울 안에 있었던 것을...
나의 미래는 나를 태워
이 불 손한 사회를 위해 희망을 베풀며 내가 속한 우주,
우리나라를 사랑하는 인물이 되고 싶습니다.
당신의 건강이 나의 희망이고
나의 건강이 당신에게 사랑받는 이유중의 하나인 것을 감사합니다
오늘 우리가 처한 이 환경에 감사함은
당신의 겸손과 나의 오만함에
서로의 부족함을 채우려하며
안타까워하며 결속하려하기 때문입니다.
오늘도 당신의 날~!
사랑합니다.
안녕!

어느 여인의 바램-

사랑은 믿음의 주체이다.
Love is the center of faith.

사랑은 끝없이 살아있는 영원한 소망이다.
Love is hope of endless living.

제 5 편

믿음의 3요소

믿음, 소망, 사랑

모든 이의 마음을 (새벽 기도)

모든 이의 마음을
새벽 신선한 호흡이게 하소서.
새벽 이슬처럼 나눔이게 하소서.
새벽 하늘 타오르는 빛이게 하소서.

모든 이의 마음을
샘물처럼 성결하게 하소서
저 들녘 짙은 흙내음이게 하소서.
저 밤하늘 원만한 달이게 하소서

모든 이의 마음을
언제나 초록빛 같게 하소서.
장미, 목련, 벚꽃처럼 아름답게 하소서.
딸기, 사과, 감처럼 꿀맛이게 하소서.

모든 이의 마음을
주고 싶은 하늘이게 하소서.
끝없이 베푸는 강물이게 하소서.
바다처럼 품에 안는 사랑이게 하소서.

사랑은 최고의 영양소요,
믿음은 최고의 기둥이며
소망은 최고의 삶이 된다.

진리는 작은 물 한 방울에서도 노래하고
사랑은 메마른 대지에서도 꽃을 피우며
믿음은 소망이 끊어진 죽음에서 다시 산다.

감사하는 믿음은 성령의 임재이며
기도하는 소망은 구원을 받음이고
순종하는 사랑은 자녀된 기쁨이다.

진실한 사랑은 영원하며
영원한 사랑은 영원한 찬양이다.
True love is eternal, eternal love is
praise without end.

제 6 편

민음의 주체

사랑

자연보다 더 좋은 교훈
진리보다 더 좋은 스승
사랑보다 더 좋은 선생은 없다.

강철은 불로 녹이고
바위는 물로 녹이며
사람은 사랑으로 녹인다.

하나님은 사랑이시다.
기쁨도 사랑하시며
슬픔도 사랑하신다

인간은 하나님의 제일가는 사랑의 대상이고
하나님은 작은 자 하나를 모델로 삼으시며
세상이 버린 자라도 하나님은 존귀하게 쓰신다.

미소와 감사는 행복을 출산하고
미움과 짜증은 불행을 걸어가며
미소는 불행을 이기는 명약이다.

사랑에 울고 사랑에 괴로워하는 인간이여
자신이 사랑의 큰 본체임을 잊어버린 채
사랑만을 요구하고 사랑에 강요 당하고 있다.

깨어 있는 사람이 별을 볼 수 있고
일하는 사람에게 태양이 필요하며
남을 돕는 사람은 사랑이 샘솟느니라.

숨어 있는 죄는 드러난 죄보다 더 많고
회개는 모든 죄를 소멸시키는 능력을 가지며
참 뜨거운 사랑이 죄에서 영혼을 구하여 낸다.

모든 꽃들은 참으로 아름답다.
고운 마음은 꽃보다 아름답고
하나님의 사랑은 더욱 아름답다.

하나님의 사랑은 인간이 아버지께 받고 태어나는 제일
큰 축복이다.

사랑은 인류를 지탱해 주는 받침목이다.

인간관계를 가장 평안하게 묶어 주는 것은 사랑의 줄
이다.

사랑은 하늘과 땅의 모든 법의 기둥이다.

사랑은 나로부터 시작 가정, 사회, 국가, 세계 인류를 하
나되게 하는 최고의 법이다.

사랑은 기쁨의 근원이요 행복의 원천이다.

인간의 도리는 사랑으로부터 시작한다.

사랑은 믿음의 주체이다.

사랑은 끝없이 살아 있는 영원한 소망이다.

사랑은 삶의 근원이요 완성이다.

복된 삶을 누리기 위해 가장 중요한 자산의 기업은 사랑
이다.

인간의 삶의 방법은 별과 같이 많다 그 중에 가장 행복한
삶의 근원은 사랑이다.

진정한 사랑의 중요성을 아는 인간은 불의를 행치 않는다.

사랑은 절대자이신 생명의 아버지와 가장 좋은 관계를
맺는 신앙의 전부이다.

고난을 이겨내면 존귀한 승리의 축복이 찾아온다

미소는 하나님이 주신 최선의 형상이다.

미소는 행복의 근원이요 사랑의 아름다운 은사이다

믿음이 있는 곳에 용서가 있고
용서가 있는 곳에 화해가 있으며
화해가 있는 곳에 평화가 있나니
평화가 있는 곳에 사랑이 있어
사랑이 있는 곳에 행복이 있다.

용서는 끝없는 사랑의 시작이요

나눔은 하루하루의 행복한 출발이다.

용서는 미소의 어머니이다.
나눔은 끝없는 사랑의 시작이요
이웃은 에덴을 만드는 친구들이다.

진리는 사람 사랑의 법이요, 그 법은 인간 사랑의 완성이다.

진실한 사랑은 영원하며, 영원한 사랑은 영원한 찬양이다.

영원한 사랑엔 다툼이 없다. 불만, 짜증, 지루함이 없다.

천국이란 사랑의 완성된 집이요, 지옥이란, 사랑의 배신자의 소굴이다.

여유 있는 생각과 침착한 행동이 삶의 사랑의 깊이를 더한다.

우주 공간 속에 사랑보다 더 큰 것은 없다.

천국은 행복의 동산 사랑의 만족이다.

사랑의 조건

어여쁜 꽃보다 더 고운 마음
봄바람보다 더 생기 넘치는 희망
천년 만년 함께 살고 싶은 내사랑

달같이 포근한 사랑
별같이 비전이 있는 삶
태양보다 더 따뜻한 그대의 품

누나 같은 너그러움
동생 같은 안아주고픈 어여쁨
어머니 같은 보살핌

늦봄에 만난 가슴에 벅찬 연분
꿈에 그리며, 찾고 찾은 진짜 내여자
하늘 아버지께서 짝 채워주신 천생 연분 꿀샘물

우리 사랑의 만남

사랑을 잃은지
어언 강산이 바뀌었다.
진정 내 사랑 어디에 있었길래
이토록 가슴 조이며 찾아야 했는가?

급기야 안타까움 달랠 길 없어
온 동래 소문냈다.
아버지 마음에 합한자
어서 속히 달려오오

그대 예비된 사랑이여
그대 이제야 찾았구료
그대 사랑 나 여기 있소
그대 또한 강산을, 몇 번이나 헤메이었소.

그대 사랑 여기 있는 것을
우린 서로가 목련꽃 필 때를 기다렸나 보오.
내 누이 활짝 웃는 화사한 봄날
우리 사랑의 언약을 이루리이다.

우리 사랑 찾아 헤메일 때
모진 비바람 강풍 속에서도
서로 사모하는 마음으로
오늘을 있게 하였다오

이제 겨울도 지나가고
어두움도 물러가고
태양빛 밝게 우리를 비치고 있잖소.
하나님의 사랑의 빛이 비치고 있소.

긴긴 세월 기다림은
하나님의 영광이요
백년해로 이루기 위하여
광야 길 돌고 돌아 가나안 입성했소.

시련이 길면 영광 더욱 빛나는 법
우리 만남은 영원의 시작이요.
온전한 한 몸 되어
끝 없는 에덴을 걸어갑시다.

동산에 꽃 만발하고
새들도 축송을 부르고
바람도 꽃가지에 춤을 추고
봄 향기 우리 품에 흠뻑 안기네요.

오! 그대 내 사랑
나 그대 사랑
오! 나의 어여쁜 신부야
어서 와서 내 품에 자리하오

저, 밝은 태양빛이 어두워질 때까지
저, 하늘에 별이 다 떨어질 때까지
저, 바다가 육지 같이 마를 때까지
저, 하늘이 영원한 것 같이 우리 사랑 영원하리.

아버지께 폐백을 드리고
주님과 함께 앉아
사랑을 마시고, 생명과일을 먹으며
에덴의 행복을 찬양합시다.
온 세상과 우주에 선포하노라.
그대 나의 신부요.
나는 그대 신랑이다.

내가 만난 사랑

내가 만난 사랑은
짝이 정해진 사랑이었다.

사랑이라고
모두 다 사랑할 수 있는 것은 아니다.

동정, 혹은 인정에 끌려
억지로 힘에 겹게 사랑하는 것도 아니었다.

사랑은 사랑하는 자의 사랑이 있다.
하나님께서 예비하신 합한 사랑이 있다.

아담의 갈비뼈가 있듯
사랑 하는 자, 내 갈비뼈가 있다.

내 갈비뼈 외에는 다른 것으로 채울 수 없다.
그것이 나의 사랑이었다.

짝신을 신고서 걸을 수는 있다.
그러나 영원히 걸을 수는 없다.

정장은 짝이 맞아야 한다.
단추 구멍도 짝이 맞아야 한다.

한 나무에 꽃과 열매는 모두 똑같다.
그것이 하나님의 뜻이다.

사랑은 더욱 섬세하고 정결하다.
온전한 사랑은 마음 속까지 똑같아야 한다.

내 안에 그대 사랑
그대 사랑 안에 나는 하나이다.

그대 곁에 영원히

그대 보고플 때
태양으로 머물고

그대 그리울 때
달이 되어 비추리라.

삶이 그대를 피곤케 할 때
밤하늘 별이 되어 그대를 쉬게 하리라.

삶에 지쳐 희망을 잃었을 때
나 그대 위해 파랑새가 되리라.

그대 위해 비둘기로 날고
그대 곁에 소쩍새로 노래하리라.

그대 마음이 울쩍할 때
넓고 푸른 바다 되어 가슴을 열리라.

삶이 그대에게 갈등을 일으킬 때
잔잔한 강물 되어 그대에게 평안을 주리라.

답답한 마음에 괴로워할 때
그대의 시원한 바람이 되리라.

삶이 그대를 목마르게 할 때
나 그대 위해 맑은 샘물이 되리라.

나 그대 인생을 사랑하기에
그대 곁에 촛불 되어 영원하리라.

사랑하는 이에게

빛이 있으라
빛이 있었고
그 빛이 하나님이 보시기에 좋았더라.

눈물을 닦고
맑게 갠 하늘에 빛 보라
은빛으로 창가에 눈이 부신 아침입니다.

파란 하늘이 높이 솟아
은빛을 뿌리고
어제의 봄비는 씻은 듯 사랑을 주고 갔습니다.

내 사랑 그대여
그대의 창문을 연 은빛이
우리들 가슴에 사랑의 온기로 파고듭니다.

어여쁜 얼굴에 화장을 하고
상쾌한 아침을 맞는
사랑하는 이의 모습이 눈에 선합니다.

눈 앞에 우아한 목련꽃
담벼락에 가만히 기대 선 모습이
내 마음을 사로잡는 그대의 아름다움으로 보입니다.
그리움의 깊은 심연 속을 거닐면서
행복을 꿈꾸며 사랑을 찾아 이슬이 맺힌듯 한
고이 고이 숨겨진 사랑을 찾아 오는 모습입니다.

청아한 음성으로 꽃을 노래하고
꽃을 사랑하는 시심으로
하루를 문학으로 시작하는 사랑의 모습을 봅니다.

거미줄처럼 빼곡한
하루의 일과를 위해 대문을 열고 걸어가는
사랑하는 이의 지성 있는 모습을 그려봅니다.

외로움은 외로운 자만이 알고
사랑은 사랑하는 자만이 아는 법
우리의 사랑은 미지의 에덴을 함께 걷고 있습니다.

지난 날들의 모든 생활은
오늘을 만들기 위하여 참아옴을
더 큰 우리의 사랑함이 비길 데 없는 행복으로 다가옵니다.

내내 한겨울 속에서도 그 빛을 잃지 않았던
동백꽃나무 한 그루가 보란 듯이 팔 벌리고
정조와 지조의 순결함까지 그 모습 자랑하고 있습니다.

태양빛은 더욱 밝아 목련꽃 눈이 부시고
조각 구름 멀리서 친구 찾아 가는 모습
임을 찾아 달려가는 나의 사랑의 마음인듯 합니다.

사랑을 위하여

고독의 깊은 이 밤
꿈에서 임을 만날 수 있다면
타임캡슐에 영원히 간직하리라.

내 곁에 임이 없는 이 밤
나는 그대의 얼굴 하나를 가슴에 품고
은하수 다리 건너 오작교 위에서 그대를 만나리라.

어두움이 밀물처럼 밀려오는 까만 밤
가슴에 사무친 사랑을 위하여
저 하늘 끝에 마지막 남을 별 하나까지 찾아가리라.

고수동굴보다 더 깊은 밤
사랑을 위하여 나는 기도하리라.
새벽이 옴을 기다려 사랑을 맞이하리라.

사랑을 위하여
나는 동쪽 바다가 되어
붉은 태양을 밀어내리라.

사랑을 위하여
어두움 물리치고
사랑을 맞으리라, 가슴에 안으리라.

모든 꽃들은 참으로 아름답다
고운 마음은 꽃보다 아름답고
하나님의 사랑은 더욱 아름답다.

거룩하리만큼 정직하라

두 번 세 번 사람은 다시 만들어져야 한다.

믿음보다 더 좋은 자기 보호는 없다.

세상과 짝하여 세상을 이긴 자는 한 사람도 없다.

배부른 삶보다 존귀한 인생이 되어야 한다.

꽃 중의 꽃

무언의 진리를
세상 그 어느 곳에든지
무언의 사랑으로
온갖 상처를 싸매주며

무언의 진선진미를
꽃피워 향기로
바람으로 사랑으로
온 우주를 감싸안는다.

속을 보이지 않는 무화과
화려함을 감추고
온 우주를 별빛으로
오직 사랑으로 꽉찬 무화과

못난 얼굴 마사지 하면
세상 그 무엇보다 아름다워
생명의 열매를 맺는 무화과
태양보다 더 크다

별보다 더 많고
달보다 더 고요한
어둠의 아픔을 참아내며
무아를 꽃피게 하는 무화과

만천하에 웃음꽃 되어
슬픈 이가 바라보고
고독한 인생의 희망이려니
생명을 맺는 꽃 중의 꽃으로

인간의 역경은 떠나가고
생명의 열매로 가득하다
솔로몬의 영화보다 더 아름다운
생명의 찬양이 온 우주에 메아리친다.

쇼 강대상 앞 십자가를 세워놓고 기도 중 고통과 구원의 눈
물만을 생각했는데 은혜중 은유적 제목이 떠올라"꽃 중
의 꽃"으로 7개월간 고심 끝에 완료. 십자가는 진정 생명
의 열매를 맺는"꽃 중의 꽃" 입니다.

의로운 믿음을 가질 때보다 행복한 날은 없다.

어리석은 자는 내 안에 계신 하나님을 안 계신 것처럼
살아가는 것이다.

살았다 하는 것으로 자랑 말고 무슨 일을 하며 사는 가
를 자랑하라.

부모님의 말씀은 천금과 같고 하나님의 말씀은 만복을
가져온다.

하나님은 인류 역사를 주관하시고 인간은 그 역사를 기
록해간다.

삶보다 죽음을, 세상보다 천국을, 나보다 하나님을 제일
먼저 생각하라.

괴로운 인생길은 하나님과 만날 수 있는 좋은 길이 된다.

하나님을 떠난 그 순간부터 두려움은 인간을 지배해 왔다.

육을 위해 살고 육을 위해 죽는 자에게는 아무것도 남는
것이 없는 괴로움뿐이다.

하나님께서는 인간이 법과 질서 속에서 살아가도록 스
스로의 분별력과 선택권을 주셨다.

쭉정이가 있어도 농부는 알곡을 바라보며 기뻐하는 것이다.

비바람이 몰아 쳤어도 농부는 수확을 거두며 보람을 가지는 것이다.

의의 죽음은 아픔보다 오히려 기쁨인 것이다.

인간은 누구나 왕의 자리에 앉을 수 있는 자질도 있고 동시에 가장 비천한 자가 될 수 있는 약점도 지니고 있다.

세상에서 가장 깨끗해야 할 것은 사람의 마음이다.

일단 재물에 근심하지 않고 욕심이 없는 사람이라면 하나님 나라에 가까우니라.

하나님을 본 사람은 없으되 진리를 깨닫고 행하는 자는
하나님을 만나게 되느니라.

희생은 생명을 낳고 이기는 사망을 낳느니라.

나 혼자 잘살자는 이기주의는 지옥을 건설하고 우리 함께
살자는 사랑주의는 천국을 건설한다.

천국의 생명책에 빛나는 이름은 오직 믿음으로 하나님과
동행한 사람들이다.

순종은 축복의 시작이요 믿음은 축복의 광맥이다.

영원토록 지속할 수 있는 가정의 행복은 순종의 믿음이다.

믿음은 믿음에서 낳고 믿음으로 말미암아 믿음을 본다.

세상은 유한하나 믿음은 영원하다.

예수의 이름을 날마다, 분, 초마다 불러라. 영육이 새로
워진다.

고난을 참고 기도하는 믿음이 참 믿음이다.

기적을 보고 믿는 사람들의 신앙은 예수를 위하여 고난
을 겪은 신앙만 못하다.

하나님께 꿇어 엎드리는 믿음은 기적을 창출해낸다.

생명력있는 믿음은 못할 것이 없다.

행동하는 믿음은 예수님을 볼 수 있지만 실천 없는 믿음
은 신기루 속에서 헤매인다.

내 믿음으로 일어서야 할 것이지 남을 원망하면 항상 옛모
습 그대로 서 있게 되느니

그리스도는 만물의 창조자시요 생명의 구원자시요
나의 믿음의 주시나이다.

신앙의 가장 큰 행위는 순종이다.
The greatest conduct in Belief is obedience.

결실의 가장 큰 행위는 순종이다.
The greatest conduct in Faithful fruit is obedience.

덕행의 가장 큰 행위는 순종이다.
The greatest conduct in Virtue is obedience.

축복의 가장 큰 행위는 순종이다.
The greatest conduct in Blessing is obedience.

은혜의 가장 큰 행위는 순종이다.
The greatest conduct in Grace is obedience.

봉사의 가장 큰 행위는 순종이다.
The greatest conduct in Service is obedience.

충성의 가장 큰 행위는 순종이다.
The greatest conduct in Royalty is obedience.

구원의 가장 큰 행위는 순종이다.
The greatest conduct in Salvation is obedience.

예배의 가장 큰 행위는 순종이다.
The greatest conduct in Worship is obedience.

사랑의 가장 큰 행위는 순종이다.
The greatest conduct in Love is obedience.

제 7 편

축복의 비결

순종

신앙(信仰)의 가장 큰 행위(行爲)는 순종(順從)이다.

결실(結實)의 가장 큰 행위는 순종이다.

덕행(德行)의 가장 큰 행위는 순종이다.

축복(祝福)의 가장 큰 행위는 순종이다.

은혜(恩惠)의 가장 큰 행위는 순종이다.

봉사(奉仕)의 가장 큰 행위는 순종이며

충성(忠誠)의 가장 큰 행위는 순종이고

구원(救援)의 가장 큰 행위는 순종이요

예배(禮拜)의 가장 큰 행위는 순종이니

사랑(思慕)의 가장 큰 행위는 순종이다.

내일을 건설하는 사람이 미래에 행복하다.
The man who builds for tomorrow
shall be happy in the future

천국은 행복의 동산, 사랑의 만족이다.
The Heaven is a hill of happiness
and satisfaction of love

제 8 편

행복

부활이 죽음 후에 성취되는 것처럼
행복은 언제나 눈물 뒤에 안겨 오고
영광도 언제나 고난 후에 찾아온다.

나의 행복은 남을 돕는 데 있고
진정한 사랑은 성실함에 있으며
의는 내 생애 최고의 보화이다.

고난에서 만들어진 행복이 더욱 아름답고
쓴맛을 아는 인생이 단 맛에 감사하고
부모의 은혜를 아는 인생이 자식의 효를 받는다.

작은 씨앗을 감사하는 사람은 꽃피는 사랑을 보며
꽃을 감사하는 사람은 열매의 풍요를 얻을 수 있고
열매를 감사하는 사람은 행복한 웃음이 가득하리라.

아득히 먼 옛날엔 행복에 겨웠다.
자유의 방종이 먹어버리고 말았고
지금도 행복은 주인을 찾고 있다.

행복은 날개를 달았다.
언제고 날아갈 수 있고
언제나 날아올 수 있다.

얼굴에 미소가 가득한 사람은 행복을 불러 오고
생활에 기쁨이 가득한 사람은 행복이 함께 한다.
내일의 희망이 가득한 사람은 행복의 에덴을 만든다.

친구를 외면하는 것은 스스로 자신을 버림이며
이웃을 사랑하지 않을 때는 사회는 캄캄해진다.
형제는 행복을 만들어 가는 최고의 그룹이다.

효는 사랑의 근원이요 완성이다.
Filial piety is the origin of love and completion

효는 자식으로서 할 수 있는 최선의 복된 행위이다.
Filial piety is the first blessing for the children

효는 인간관계를 평안하게 묶어주는 사랑의 줄이다.
Filial piety is loving bond that bind human
relations in peace.

제 9 편

하늘과 땅, 법의 기둥은

효(孝)

하늘과 땅, 법의 기둥은 효(孝)

의는 예수요 효는 인생이니
의는 생활의 근본이요
효는 사람의 갈 길이다.

효는 인류가 가지고 태어나는 본능적 마땅한 법이다.

효는 자식으로서 할 수 있는 최선의 복된 행위이다.

효는 인간이 하나님께 받고 태어나는 제일 큰 자본이다.

148

효는 인류를 지탱해 주는 받침목이다.

효는 인간 관계를 평안하게 묶어 주는 사랑의 줄이다.

효는 하늘과 땅의 모든 법의 기둥이다.

효는 나로부터 시작 가정, 사회, 국가, 세계 인류를 하나
되게 하는 최고 법이다.

효는 기쁨의 근원이요, 미소의 아버지이다.

인간은 사랑으로 태어나 효로부터 시작된다.

인간의 도리는 효의 근거로부터 출발한다.

효는 믿음의 주체이다.

효는 끝 없이 살아 있는 영원한 소망이다.

효는 사랑의 근원이요 완성이다.

인간에게 희망이 있다면 그것은 천상(天上)천하(天下)의 효, 효이다.

복된 삶을 누리기 위해서 가장 중요한 자산의 기업은 효이다.

인간 삶의 방법은 별과 같이 많다. 그 중에 가장 행복한
삶의 사랑의 근원은 효이다

불효로부터 잃어버린 아버지의 사랑, 부족함이 없는 에
덴동산 본향을 차지해야 한다

진정한 효의 중요성을 아는 인간은 불의를 행치 않는다.

효는 절대자이신 인간 생명의 아버지와 의로운 관계를 맺
는 신앙의 시작이다.

효자가 누릴 수 있는 복은 기쁨, 평안, 사랑, 부족함이 없
는 축복이다.

감사는 지성있는 인격의 기초요
감사는 풍요한 삶의 자신감이며
감사는 인생의 시작과 결과이다.

감사는 올곧은 신앙 생활의 처음이요
감사는 풍요로운 생활의 씨를 뿌림이고
감사는 삶의 아름다운 복된 찬양이다.

작은 씨앗을 감사하는 사람은 꽃피는 사랑을 보며
꽃을 감사하는 사람은 열매의 풍요를 얻을 수 있고
열매를 감사하는 사람은 행복한 웃음이 가득하리라.

믿음은 첫발도 감사요, 믿음의 장성도 감사이다

감사는 의의 첫걸음이요, 사랑의 출발이요, 헌신의 시작이다.

진리는 작은 물 한 방울에서도 노래한다.

감사하는 믿음은 최초의 임재의 역사이다.

감사는 인격의 기초이다.

감사는 풍요한 삶의 자신감이다.

구원에 대한 감사는 천하보다 크므로 계산할 수 없다.

내 생애 오직 한 사람

어머니의 마음은
햇빛일까 햇볕일까
그 포근한 사랑이여
내 생애의 등불이여

햇빛일까 햇볕일까
그 따스한 사랑의 고향
내 생애의 등불이여
그 포근한 사랑이여

어머님의 모습은
달일까요 별일까요
원만한 모습이여
보름달 같은 품이여

달빛일까 별빛일까
그 고요한 마음의 고향
그 잔잔한 모습이여
내 별같은 사랑이여

길 잃은 양

작시 : 최원만　　작곡 : 함종윤

1.
어두운 세상에서 나는 길 잃고 헤메이는 양
빛 없는 세상에서 나는 길 잃고 방황했네
하늘도 찌들고 빗물마저 더러운데
온 몸을 적시며 나는 길찾아 간다네
사랑 없고 믿음 없는 세상 우리는 길 잃은 양
길 찾아 간다네 나는 길 찾아 간다네
사랑 있고 믿음이 있는 영생길 찾아 가는 양
십자가 언덕으로 목자 찾아 간다네.

2.
죄악된 세상에서 나는 길 잃고 헤메이는 양
내 마음 고집으로 목자 잃고 나 홀로 방황했네
거짓된 세상에서 목자 잃은 우리들
생명길 예수님 찾아 우리는 간다네
사랑 없고 믿음없는 세상 우리는 길 잃은 양
길 찾아 간다네 나는 길 찾아 간다네
사랑 있고 믿음있는 영생길 찾아가는 양
십자가 언덕으로 목자찾아간다네

샘물 금언집을 출간하며…

와 보라
울릉도 바다 가운데서
샘물이 펑펑 솟아 오른다면
와 보시겠습니까?

태평양 바다 가운데서
불꽃이 솟아 오른다면
와 보시겠지요…!

그 옛날 옛날
바다 속에서 화강암이 넘쳐흐르던 것 처럼
울릉도 앞 바다에서 화산이 터져나오게 되면
대한민국의 땅덩어리가
얼마나 커질까요?

불이 끓어 오르는 여파를 따라
금덩어리가 솟아 오른다면
각종 보석류가 오징어 떼처럼
몰려 떨어 진다면 어떨까요…!?

전세계 관광객 유치에
열을 올려도 7~8천만 민족이
세계 제일의 강대국의 환호성을 지르게 되겠지요

만주땅 비싼 값 줄테니까, 만리장성도 팔으라고 하고
백제의 후손들에게 팥고물이나 주어먹으라고 해야 겠네요

세계는 타고르의 예언처럼
동방의 햇불 대한민국이
세계를 비추는 빛이 되어
할렐루야……
만군의 여호와 하나님의 섭리와 축복을
감사와 존귀와 경외의 찬양과 영광을 드리게 될 것입니다.
아멘 할렐루야…!

매사에 모자라고 부족한 사람이 십자가 밑에 꿇어 엎드리어 기도하든 중
하나님 아버지께서 글 쓰는 은사를 주셔서 너무나 감사하다고 고백했습니다.
모든 초목의 아름다움의 미소를 보고,
"미소는 하나님이 주신 최선의 형상이다."
"고난은 희망이 있는 언덕이다."
골고다 언덕을 올라가면 인류의 희망, 비전, 이상이 있음에 고난을 딛고 인류의 새 생명의 희망이신 예수 그리스도를 더욱 사랑하고 좋아하게 되었습니다.
1998년 5월 한국기독교문화예술총연합회 좋은 글 모음에서 "십자가"의 시(詩)로 사랑 상을 받은 일이 있었는데 그 글의 십자가의 의미는 힘들고 어려운 것으로 의미를 두었습니다.
그런데 어느 날 새벽에 십자가 밑에서 기도하는 중 십자가

가 맘모스 대형 꽃으로 보이는 것이었습니다. 아니, 십자가가 꽃으로 보이다니, 깊이 생각하니 십자가야 말로 생명의 열매를 맺는 꽃 중의 꽃이었음에 너무나 기뻐 어찌할 줄을 몰랐습니다.

하나님의 성령의 은혜로 외줄 금언 300 이상을 쓰고 3행 150편 이상을 써 덮어놓고 있다가 아무래도 귀하게 받은 은사를 덮어놓고 있는 것도 잘하는 일이 아니라 생각하고 존경하는 이상보, 오동춘 두 분 박사님의 첨삭 지도를 받고 기꺼이 책을 펴내시라는 조언을 힘입고 이렇게 출판을 하게 된 것입니다.

문학을 사랑하시는 독자분들께서 읽으시면 글 내용에 있어 보수적 신앙과 생활 속에 세대차이의 구분 없이 슬기와 새힘을 얻을 수 있다고 자신있게 말씀드릴 수 있습니다.

특별히 부족한 이 사람이 목회 초년에 깊은 기도를 하기 위해 기도원에 갔다가 8부능선 쯤 옹달샘 두 곳에서 샘물을 떠 마시면서 하나님께 기도했지요,

만군의 여호와 하나님 내가 쓰는 글이 갈급한 이 세상에서 한 목음 시원한 냉수 한 그릇을 시원스럽게 마시는 공감을 가질 수 있는 글을 쓰게 해주세요, 하면서 아호(雅號)를 샘물로 지었답니다. 요즘 들어 "샘물"이라는 아호가 생각할수록 좋답니다.

"네가 어떻게 살까 삶을 생각지 말고 죽음의 깊은 의미를 알라."

나의 생의 좌우명입니다. 내가 어떻게 해야 잘 먹고 잘 살 수가 있을까 심하게 번민하고 잠든 날 사경에 내게 들려진 큰

음성이었답니다. 이 말을 어디서 듣지도 보지도 못한 글이었기에 내가 순교적 각오로 선지생도가 되어가지고 잘먹고 잘사는 것을 고민하고 걱정을 하다니 그 후 돈에 대한 번민이나 염려 걱정은 전혀 없었다는 사실입니다. 그 결과 지금 울릉도에서도 가장 미약한 교회랍니다. 다른 변명도 있지만 재 작년 폭설에 교회당이 폭삭 무너져 새로 건축하느라고 물론 하나부터 열까지 모든 것을 하나님께서 책임지시고 교회당을 세워주셔서 지금은 잘 있습니다.

지금 이 때를 빌어서 거듭 당시 상황을 기사화한 국민일보와 헌금하신 모든 교회와 성도님들께 진심으로 감사합니다.

만군의 여호와 하나님께서 넘치도록 갚으시고 기도하며 계획한 모든 일을 도우시며 축복하시고 모든 교회 위에 성령의 충만하심을 기도합니다.

2006. 2.

집필자　샘물 최원만

직인
생략

 울릉도 샘물

초판 발행일 / 2006년 5월 3일
저자 / 샘물 최원만
전화 / 054) 791-4464
H.P / 011-9735-1255
E-mail / saemmul0191@hanmail.net

발행처 / 도서출판 세줄
주소 / 서울 중구 인현동1가 111-6
전화 / 02) 2265-3748~9

총판 / 선교햇불
전화 / 2203-2739
팩스 / 2203-2738

값 12,000원

ISBN 89-92211-02-3 04230